AF465298

Monsieur Léopold Delisle
Hommage reconnaissant et respectueux
Gustave Prevost

LE CHATEAU DE CANTELEU

PRÈS ROUEN

ET SES PROPRIÉTAIRES

DEPUIS LE XVIIe SIÈCLE

PAR

Gustave-A. PREVOST

MEMBRE DE LA SOCIÉTÉ FRANÇAISE D'ARCHÉOLOGIE

CAEN

HENRI DELESQUES, IMPRIMEUR-LIBRAIRE

RUE FROIDE, 2 ET 4

1889

Imp. phot. Aron Frères, Paris.

ÉLÉVATION GÉOMÉTRALE DU CHATEAU DE CANTELEU

LE
CHATEAU DE CANTELEU
PRÈS ROUEN
ET SES PROPRIÉTAIRES
DEPUIS LE XVIIe SIÈCLE

PAR

Gustave-A. PREVOST

MEMBRE DE LA SOCIÉTÉ FRANÇAISE D'ARCHÉOLOGIE

CAEN

HENRI DELESQUES, IMPRIMEUR-LIBRAIRE

RUE FROIDE, 2 ET 4

1889

Extrait du *Bulletin Monumental.* — Année 1889

LE

CHATEAU DE CANTELEU

PRÈS ROUEN

ET SES PROPRIÉTAIRES

DEPUIS LE XVIIe SIÈCLE.

Dans la première moitié du XVIIe siècle, la seigneurie de Canteleu, près Rouen, appartenait à « Messire Nicolas Langlois, chevalier, conseiller du roi et premier président en la Chambre des Comptes de Normandie, seigneur de Motteville, Château-Sahurs, Saint-Aubin-des-Serqueulx, les Belles, le Mesnil près Gaillon, Canteleu-sur-Croisset, et des fief, terres et seigneuries des pourprétures et maîtrises de Roumare, à la représentation du roi. »

Le nom du premier président de Motteville n'eût, sans doute, pas échappé à l'oubli qui enveloppe tant de vieux et dignes magistrats d'autrefois, si, déjà veuf en premières noces de Marguerite de Romé, et en secondes de Marie Bretel, il n'eût, à l'âge de quatre-vingts ans environ, épousé la future « dame » et confidente d'Anne d'Autriche, Françoise Bertaut (1), âgée alors de dix-huit ans, l'auteur des *Mémoires pour servir à l'histoire de la reine Anne d'Autriche* qui ont assuré au nom de Motteville un rang distingué dans les lettres et dans l'histoire.

C'est lui, pensons-nous, qui fit construire le superbe château de Canteleu, attribué à François Mansart, détruit ou modifié en grande partie, et qui acquiert un mérite de plus s'il a reçu la sage et modeste Motteville.

Nicolas Langlois était fils de Georges Langlois, bourgeois de Rouen, sieur de Canteleu, anobli en vertu de l'édit de juin 1576, en payant 600 ₶, par lettres données à Blois, en janvier 1577, vérifiées à la cour de Parlement, le 2 juillet 1577 (2).

Plus tard, une des branches de cette famille eut, comme bien d'autres, la prétention de faire remonter sa noblesse à une époque plus reculée, et une généalogie dressée conformément à la filiation réelle, conservée au Cabinet des titres, a soin de commencer par mettre en garde contre les faux titres fabriqués pour cette famille (3).

La terre de Canteleu était passée entre les mains du

(1) La Chenaye-Desbois et Badier. *Dictionnaire de la Noblesse*, Paris, Schlesinger, 1867, in-4°, t. XI, col. 424-427. — Généalogie manuscrite de la famille Langlois de Motteville, sur feuilles volantes (Bibliothèque municipale de Rouen, à la fin du manuscrit normand, Y, 25).—Bibliothèque Nationale, Cabinet des titres, dossier 38,160, *passim*.

(2) Bibliothèque municipale de Rouen, manuscrits normands, Y, 19.

(3) Bibliothèque Nationale, Cabinet des titres, dossier 38,160, pièce 138°.

premier président Langlois, par suite de la vente qui lui en avait été faite, le 13 avril 1596, par son neveu, Georges Langlois, sieur de Plainbosc, trésorier de France à Rouen (1).

Vers 1636, un poète rouennais, Hercule Grisel, écrivait dans ses *Fasti Rothomagenses*, mine inépuisable de renseignements sur Rouen, ses institutions, ses usages et la vie privée de ses habitants, les vers suivants, relativement à la Chambre des Comptes de Normandie :

Inclytus hic Motæ præses cognomine villæ
    Conspicuo posuit qui sibi monte lares.
Visa manu tenera sedem struxisse voluptas;
    Permulsit madidis hanc Venus uda comis,
Et volucres unquam vetuit discedere natos.
    Blandior est tectis inde relictus amor (2).

(1) Cabinet des titres, dossier 38,160, pièce 115e. « Vente, du 13 avril 1596, à Messire Nicolas Langlois, chevalier, seigneur de Motteville, conseiller du Roi en son Conseil d'État et premier président en sa Chambre des Comptes de Normandie, par noble homme Georges Langlois, sieur de Plainbosc, conseiller du Roi et trésorier de France à Rouen, de la seigneurie de Canteleu, ditte Pressigny-en-Caux, qui était un plain fief de Haubert mouvant du Roi à cause de sa vicomté de Rouen, aux mêmes conditions qu'en avaient joui deffunt noble homme Georges Langlois, son père, sieur dudit Plainbosc (président en la Chambre des Comptes de Paris), conseiller du Roi et président au bureau des finances établi à Rouen, et avant lui noble homme Georges Langlois, son ayeul » (Note informe, XVIIIe siècle).

(2) *Herculis Griselli, Rothomagæi, Fastorum Rothomagensium liber undecimus, November*. Réimpression faite par la Société des Bibliophiles normands. Rouen, 1869, in-4°, p. 483 et 491. — Cf. *Les Fastes de Rouen*..., *Étude littéraire*, par F. Bouquet. Rouen, 1870, in-4°, p. 144-146.

Le consciencieux et patient éditeur des *Fastes de Rouen*, M. Bouquet, nous propose de traduire ainsi ces vers qui, comme il nous l'écrit, « ne brillent pas par la clarté. »

« Là [dans la Chambre des Comptes], se trouve l'illustre président de Motteville, qui s'est fait bâtir des pénates sur un mont bien en vue. C'est d'une main complaisante que la volupté paraît en avoir construit le logement; Vénus, fille de l'onde, l'a gratifié de frais ombrages, et elle a défendu de jamais s'en éloigner aux oiseaux qu'ils ont vu naître; l'amour, plus enchanteur, a déserté ce séjour. »

Nous voyons, dans ce passage, une allusion à la construction du château de Canteleu (1). Fièrement campé sur la crête d'une des collines qui bordent la rive droite de la Seine, en aval de Rouen, le château de Canteleu répond parfaitement au signalement donné par Hercule Grisel, dominant le cours de la Seine, la ville de Rouen à l'est, et un vaste horizon au sud et à l'ouest; il est lui-même bien en évidence. De plus, nous voyons, dans le quatrième vers, une allusion à la Seine, *Venus uda*, qui baigne le pied de la côte de Canteleu : Vénus, fille de l'onde, baigne ce séjour de son humide chevelure. Le dernier

(1) Le président de Motteville a aussi, d'après la tradition, fait construire le château de Motteville; et, dans l'édition des *Fasti Rothomagenses* (note, p 491), M. Bouquet avait d'abord attribué au château de Motteville le passage que nous venons de citer. Mais ce dernier château est sur le vaste et uni plateau du *Pays de Caux;* et, depuis, M. Bouquet nous a écrit qu'après nouvel examen, il n'hésitait pas à penser que Grisel, dans ces vers, « songeait au château de Canteleu. »

vers contient une allusion aux veuvages qui avaient déjà frappé le président de Motteville.

Une autre raison nous porte à penser que le château de Canteleu a été construit pour le premier président Nicolas Langlois, et antérieurement à son mariage avec Françoise Bertaut. Sur l'élévation géométrale qui en fut dressée en 1780 et que cette notice reproduit, on voit, au haut du pavillon central, un cartouche où étaient sculptées les armoiries du propriétaire (1). Elles se blasonnent ainsi : parti *au premier de .. à deux animaux passants l'un sur l'autre de...; au chef de... chargé de trois besans ou tourteaux...* Ce sont, évidemment, les armes des Langlois de Motteville et de Courmoulins, qui portaient : *d'or, à deux lions léopardés de gueules ; au chef d'azur chargé de trois besans d'or* (2).

Le second du parti offre un chevron accompagné de trois pièces 2 et 1, qui semblent des étoiles ou des molettes, et un chef chargé d'une ou plusieurs pièces.

Or, à qui ces armes, qui sont celles de la femme, peuvent-elles convenir?

(1) Ces détails ne peuvent malheureusement pas être distingués sur la reproduction ci-jointe.

(2) Voir La Chenaye-Desbois et Badier, *Dictionnaire de la Noblesse*. Paris, Schlesinger, 1867, in-4°, t. XI, col. 427.

Il résulte de diverses pièces du Cabinet des titres que la famille Langlois de Motteville, notamment Georges et son fils Nicolas, portaient bien dans leurs armoiries le chef *d'azur chargé de trois besans d'or* (V., notamment, pièce 107°). Ce n'est que par lettres patentes du mois de décembre 1658 qu'une branche de la famille aurait obtenu la permission de substituer le nom de Motteville au nom de Langlois et d'ôter les trois besans du chef de ses armes « en considération des grands et signalés services rendus à l'État par ses prédécesseurs » *(sic)* (Id., pièce 122°).

Nous connaissons le nom et les armoiries des femmes de tous les seigneurs de la famille Langlois, qui ont possédé successivement la seigneurie de Canteleu.

Or, ces armes ne sauraient être celles, ni de la première femme de Nicolas Langlois de Motteville, Marguerite de Romé, ni celles de la troisième, Françoise Bertaut (Mme de Motteville) (1). Elles se rapprochent au contraire presque identiquement, autant qu'on peut en juger d'après le lavis et en l'absence des émaux, des armes des Bretel de Grémonville, qui sont : *d'or, au chevron de gueules chargé d'une fleur de lys d'or, accompagné de trois molettes d'azur, 2 et 1 ; au chef du même chargé d'un bretel* [*ou couleuvre*] *d'argent* (2).

Elles ne sauraient convenir davantage à la femme du neveu et héritier de Nicolas Langlois de Motteville, Nicolas Langlois de Courmoulins, qui avait épousé Marguerite Restaut (3) ; non plus qu'à la femme de son fils, Jean-Baptiste, qui hérita de la terre de Canteleu, Gabrielle de Maupeou (4).

Faudrait-il, maintenant, voir dans ces armoiries une application postérieure à la construction primitive, faite, par exemple, à l'occasion de réparations importantes ? Cette substitution, par un descendant, de ses propres armes à celles d'un de ses aïeux, serait un fait assez rare, peu conforme au

(1) Voir les armes des Romé dans le *Catalogue et Armorial du Parlement de Rouen*, par Stéph. et Louis de Merval. Évreux, Hérissey, 1867, in-4°, p. 13. Et celles des Bertaut, *ibid.*, p. 84.

(2) Id., *ibid.*, p. 10.

(3) Id., *ibid.*, p. 46.

(4) V. Dubuisson, *Armorial des principales maisons et familles du Royaume*. Paris, 1757, 2 vol. in-12. v° MAUPEOU.

sentiment qui a toujours poussé la noblesse à se complaire dans les souvenirs de famille.

Je dirai, en outre, pour les alliances ultérieures contractées par la branche des Langlois qui ont possédé Canteleu, comme je l'ai dit pour les précédentes, que le *2e parti* des armoiries sculptées sur le fronton du château ne peut s'appliquer aux armoiries d'aucune des familles auxquelles ils se sont alliés.

En tout cas, fût-il douteux que le château de Canteleu ait été bâti par le président Langlois de Motteville, avant 1636 et du vivant de sa seconde femme, Marie Bretel, toujours est-il que sa construction ne saurait être postérieure à 1655, car il figure parmi les châteaux et maisons de plaisance qui encadrent, en bordure, le très beau et très précieux plan de Rouen, publié par J. Gomboust en 1655. Il est accompagné de cette mention : *Canteleu*, et au-dessous : *A M. de Colmoulins* (1).

On pourrait même dire qu'il était déjà édifié en 1649. Car le privilège du roi, accordé à Gomboust pour ses plans de Paris et de Rouen, est daté du dernier décembre 1649, et il y est énoncé qu'à cette époque, outre le plan de Paris, celui de Rouen était « par lui désia fait et relevé de la mesme méthode, manière, mesure et échelle que celui de Paris. » Le château de Canteleu méritait, du reste, incontestablement cet honneur de figurer parmi les plus belles demeures seigneuriales de la Haute-Normandie, et il l'emporte par l'ampleur de ses dimensions et son

(1) Voir *Description des antiquités et singularités de la ville de Rouen*, par J. Gomboust, 1655. Réimpression par la Société rouennaise de Bibliophiles. Rouen, Cagniard, 1875, in-8°, p. 46-47.

mérite architectural sur la plupart des autres châteaux reproduits par Gomboust. Gravées d'une pointe légère, les petites vues qui encadrent le plan de Gomboust sont assez fidèles, si l'on en juge d'après celle de Canteleu (1); mais leur exiguité (0m 07 millim., sur 0m 043 millim.) ne permet d'apprécier qu'imparfaitement les monuments reproduits.

Disons tout de suite, pour épuiser ce qui a trait aux reproductions du château qui nous occupe, par le dessin ou par la gravure, que le Cabinet des estampes de la Bibliothèque Nationale possède, provenant des portefeuilles de Roger de Gaignières, un dessin colorié représentant le château de Canteleu, vu de la rive gauche de la Seine, commune du Petit-Quevilly, avec cette légende surmontée des armoiries de la famille Langlois : « *Veüe du chasteau de Canteleu, à une demie lieue plus bas que la ville de Rouen — 1696.* » Il est moins exact que la petite vue donnée par Gomboust; il mesure 0m 262 millim. sur 0m 292 (2).

Enfin, dans les galeries de la Bibliothèque municipale de Rouen, se voit une grande gravure représentant le château de Canteleu, tel qu'il était en 1780, signée : Neveu le Jeune (3). Cette estampe, qui trahit une main tout à fait inexpérimentée, est d'une fidélité

(1) Voir la *Reproduction du plan de Rouen*, par J. Gomboust; planches. Rouen, Cagniard, 1873-1875, grand in-f°.

(2) Cabinet des Estampes. *Topographie de la France*, vol. V, a, 379.

(3) Nous tenons de M. H. Omont, bibliothécaire au département des manuscrits à la Bibliothèque Nationale, que la Bibliothèque de la rue Richelieu ne possède pas cette estampe. Quant à Neveu le Jeune, nous a écrit M. H. Omont, Nagler, *Kunst-Lexicon* (Munich, 1841, in-8°, t. X, p. 214), le dit né à Paris en

scrupuleuse. Détail à noter : le cartouche sculpté où étaient les armoiries est laissé en blanc. Faut-il voir dans ce fait la preuve que cette gravure a été tirée pendant la Révolution? Cela est assez vraisemblable ; elle pourrait, en effet, avoir été prise sur l'élévation géométrale de 1780, conservée dans les galeries du château et que nous reproduisons.

Trente ans environ après la mention contenue dans les *Fastes de Rouen*, un autre poète rouennais, Antoine de La Mare de Chesnevarin, allié à la famille des seigneurs de Croisset, chantait à son tour, dans ses éloges de la ville de Rouen en vers latins et français, le château de Canteleu, qui écrasait de sa supériorité celui de Croisset :

Ad pontem redeo, fluvium pars dividit æque,
Pars videt Escurium, pars ea Crossetium :
Crossetium castrum penetranti nubila cedit
Canteloo, quo non altior ulla domus.

Il traduit ainsi lui-même ce passage :

Mais reprenons le pont qui divise en deux parts
La Seine. Un bras se rend devers l'Escure épars,
L'autre vers le chasteau de Croisset qui contemple
De bien bas la maison, autant belle comme ample,
De Canteleu qu'on voit les nües menacer :
Le long de ces deux bras on a voulu placer
Belles maisons bordants chaque plaisante rive,
Où mainte Isle au milieu contre la Seine estrive (1).

1756 et mort dans cette même ville en 1801. — Nous saisissons cette occasion d'offrir au savant bibliothécaire nos remerciments pour la complaisance avec laquelle il a bien voulu nous fournir les renseignements que nous lui avons demandés.

(1) *Les Éloges de la ville de Rouen en vers latins et français,*

Un autre rouennais, celui-là portant un nom illustre entre tous, Thomas Corneille, décrivait ainsi le château de Canteleu dans son *Dictionnaire historique et géographique* :

Canteleu : « Château en Normandie, situé sur le haut d'une montagne, à une petite lieue au-dessous de Rouen. Il est assez grand et d'une belle apparence, orné de pavillons, dont celuy du milieu est couvert en manière de dôme. On dit qu'il y a autant de fenêtres que de jours en l'an (1). Ce château est en bon air, accompagné de jardins, de terrasses, d'avenues d'arbres et d'un bois. La rivière de Seine passe au pied, et il offre une vue charmante, puisqu'on découvre de là toute la ville de Rouen et ses dehors ; le Grand et le Petit-Quevilly ; le Grand et le Petit-Couronne, avec plusieurs autres villages et maisons de plaisance ; des prairies, des isles, des bois, des terres de labour, et plus de quatre lieues du cours de la Seine (2). »

On a attribué au célèbre François Mansart la construction du château de Canteleu (3) ; mais je ne sache pas que cette attribution qui, à ma connaissance, n'est formulée que dans des ouvrages récents, soit étayée sur des preuves certaines. Assurément, le château date du temps où florissait Mansart. Il présente quelques

par Antoine de Lamare de Chesnevarin..., avec une introduction par Édouard Frère. Réimpression par la Société des Bibliophiles normands. Rouen, Boissel, 1872, in-4°, p 17 et 43.

(1) On est surpris de trouver ici ce propos populaire, attribué aussi inexactement à une infinité de châteaux.

(2) *Dictionnaire universel, géographique et historique*..., par M. Corneille, de l'Académie Française et de celle des Inscriptions et des Médailles. Paris, 1708, 3 vol. in-f°. t. I, p. 505.

(3) V., notamment, *Guide Joanne, Normandie*, p. 77 de l'édition de 1866.

traits d'analogie avec plusieurs des œuvres de ce grand architecte; enfin, il ne paraît pas indigne de cette illustre filiation. Toutefois, nous n'avons trouvé le château de Canteleu mentionné dans aucun des ouvrages que nous avons consultés sur les œuvres de Fr. Mansart. Peut-être même pourrait-on trouver qu'il ressemble plus à certaines œuvres de Le Mercier, notamment au pavillon central du château de Richelieu, et à quelques détails de son projet d'achèvement pour le Louvre.

Thomas Corneille - un normand, un rouennais, — ne l'attribue pas à Mansart dans l'article que nous avons reproduit. Nous ferons la même observation en ce qui touche le *Dictionnaire universel de la France*, paru en 1726; et il y a lieu de noter que ce même dictionnaire cite comme construit par Mansart le château de Balleroy, moins vaste et moins beau que celui de Canteleu.

Le château de Canteleu était donc déjà bâti, si nous ne nous trompons, lorsque, le 16 août 1639, le vieux président de Motteville épousait dans l'église de Motteville (1) Françoise Bertaut. Cette jeune personne était dès lors, et depuis longtemps déjà, une victime politique. Fille d'un gentilhomme ordinaire de la Chambre du roi et d'une mère qui, parce qu'elle était à demi-espagnole, avait gagné la confiance d'Anne d'Autriche, Françoise Bertaut avait été « donnée » (2) à la reine, par sa mère, alors qu'elle n'avait que sept ans. Mais

(1) *Bulletin de la Commission d'antiquités de la Seine-Inférieure*. Rouen, 1886, in-8°, t. VII, p. 136.

(2) « En 1628, ma mère me donna à la reine, âgée d'environ sept ans. » *Mémoires de Mme de Motteville*, collection Petitot, t. XXXVI, p. 360.

bientôt elles inspiraient de la défiance au cardinal de Richelieu, qui les faisait éloigner de la cour. Elle revint en Normandie, le pays de ses parents. Elle était pauvre (1) — cela va sans dire — puisqu'elle contractait une telle union.

Voici en quels termes le *Journal des Sçavans pour l'année MVCCXXIV* (2) parle de ce mariage, dans un article sur Mme de Motteville :

« Nicolas Langlois de Motteville s'avisa de l'épouser en troisièmes noces ; il était premier président de la Chambre des Comptes de Normandie et grand-oncle de M. de Motteville, aujourd'hui second président à mortier du Parlement de cette province. Ce mariage était mal assorti ; le président avait 80 ans et elle n'en avait que 18. Aussi, dit-on qu'elle s'ennuyoit quelque fois de la moitié du lit, et que quand le bonhomme étoit endormi, elle faisoit prendre sa place à une femme de chambre, et que le vieux président ne s'appercevoit de rien..... »

Si ce détail, consigné dans le grave journal, est exact, dit Sainte-Beuve, dans ses *Causeries du Lundi*, ce fut la plus vive espièglerie de Mme de Motteville (3).

« Son portrait, qui est à Motteville, la représente comme une brune fort jolie (4). »

Quant à Mme de Motteville, voici ce qu'elle nous dit dans ses *Mémoires*, très sobres d'ailleurs de détails sur sa vie :

« En l'année 1639, ayant épousé M. de Motteville,

(1) Id., *ibid.*, p. 360-361.

(2) Numéro de janvier, p. 18.

(3) Sainte-Beuve, *Causeries du Lundi*, t. V. Paris, Garnier, 1853, in-12, p. 134.

(4) *Journal des Sçavans*, *ibid.*

qui n'avait point d'enfants et qui avait beaucoup de bien, j'y trouvai de la douceur, avec une abondance de toutes choses, et si j'avais voulu profiter de l'amitié qu'il avait pour moi, et recevoir tous les avantages qu'il pouvait et voulait me faire, je me serais trouvée riche après sa mort (1). » Mais elle ajoute, sans fard, qu'elle n'était occupée que de l'espérance que tout le monde avait alors de la mort prochaine du cardinal de Richelieu, qui lui donnerait lieu de s'en retourner à la cour. Tant que dura son mariage, elle resta en Normandie, à Rouen, à Motteville sans doute, et peut-être aussi à Canteleu. Elle ne fit qu'un seul voyage à Paris, où la reine lui « donna des lettres d'une de ses dames, avec un brevet de 2,000 livres de pension » (2).

A Rouen, nous trouvons des souvenirs de son séjour. Après les séditions populaires qui éclatèrent dans cette ville en 1639 et amenèrent l'interdiction du Parlement de Normandie, le chancelier Séguier y fut envoyé avec les pouvoirs les plus étendus, accompagné du Conseil du roi, qui se transporta sur les lieux pour procéder au rétablissement de l'ordre et au jugement des coupables (3). Rouen était sous le coup de la terreur, les membres du Parlement étaient consternés. L'un des plus éminents de cette compagnie, le président Bigot de Monville, a, dans de curieux mémoires, consigné, presque jour par jour, le souvenir de ces incidents.

Il note, non sans en paraître, au fond, quelque peu scandalisé, que dans des circonstances si graves, Mme de Motteville, alors à Rouen, n'avait pas craint, ainsi

(1) *Mémoires*..... (collection Petitot, t. XXXVI, p. 364).

(2) Id., *ibid.*, p. 364.

(3) A. Floquet, *Histoire du Parlement de Normandie*. Rouen, 1842, in-8°, t. V, p. 11 et suiv.

2

qu'une autre dame, de donner à MM. du Conseil des collations magnifiques :

« Le jeudy 16 de febvrier 1640, le sieur Boullays, lieutenant du bailly, fit publier des deffenses à toutes personnes d'aller en masque sous peine de grosses amendes..... Ces défenses eurent lieu et furent jugées fort convenables à l'estat de la ville, en laquelle cependant Mesdames de Mauteville et de La Ferté ne laissèrent de donner des collations magnifiques à MM. du Conseil, avant que M. le Chancelier en partist..... (1). »

Qui sait si, au contraire, la sensée et clairvoyante de Motteville ne servait pas les intérêts de la ville de Rouen par ces fêtes et par ce gracieux accueil, mieux que d'autres par leur réserve et leur attitude sourdement hostile ?

Peu s'en fallut que le château de Canteleu ne jouât un rôle dans cette affaire du Parlement de Normandie. Car, à deux reprises, dans le courant du mois d'octobre 1640, il fut question de ménager une entrevue entre le comte de Guiche, qui était favorable au Parlement, et les délégués de cette compagnie chez le premier président de Mauteville (2), « en sa maison de Canteleu » (3).

(1) *Mémoires du président Bigot de Monville*, sur la sédition des nu-pieds, publiés par le vicomte d'Estaintot. Rouen, 1876, in-8°, p. 286.

(2) Quelques fois, le nom du premier président Langlois est ainsi écrit ; mais l'orthographe des actes authentiques est Motteville. V. notamment les actes au Cabinet des titres.

(3) *Mémoires du président Bigot de Monville*. Partie non imprimée ; manuscrit normand, Y, 63 *bis*, à la Bibliothèque municipale de Rouen, f° 86.

Sept mois plus tard, Mme de Motteville était veuve. Son vieux mari était mort à Rouen, le 9 avril 1641 (1). Elle ne dut jamais revenir à Canteleu. D'après son contrat de mariage, c'est dans la maison et manoir seigneurial de la baronnie de La Croix-Saint-Leuffroy, qu'elle devait avoir « son demeure » pendant son veuvage (2). Mais elle songeait peut-être au beau domaine de Canteleu, lorsqu'elle écrivait dans ses *Mémoires :* « La campagne n'est belle qu'avec le repos et la solitude, quand on y peut goûter les plaisirs innocents que la beauté de la nature nous fournit dans les bois et auprès des rivières. »

Durant son long veuvage, des raisons d'affaires ou de famille l'appelèrent souvent à Rouen et en Normandie (3). Vers la fin de sa vie, retirée de la cour, adonnée exclusivement aux bonnes œuvres et à la piété, elle demeurait à Paris, « rue Saint-Dominique, paroisse Saint-Sulpice, avec Mre Pierre Bertaut, son frère, seigneur de Fréauville, conseiller au Parlement de Paris », et lorsque, devant les notaires du Châtelet, comparaissait pour un acte quelconque « *dame Françoise Bertaut* (4), veuve de Messire Nicolas Langlois, chevalier, seigneur de Motteville... », sous cette humble désignation qu'elle partageait avec les bourgeoises, les femmes de marchands et de procureurs, on ne soupçonnerait pas une femme qui avait longtemps vécu à la cour, honorée des confidences et de l'amitié d'une reine de France, l'aimable au-

(1) *Bulletin de la Commission d'antiquités de la Seine-Inférieure*, t. VII, p. 141.

(2) *Journal de Rouen*, nº du 22 décembre 1868.

(3) Id., *ibid*...

(4) Cabinet des titres, dossier [illegible] 160, pièce 72e.

teur des précieux mémoires sur Anne d'Autriche. C'est là qu'elle mourut « le 29 décembre 1689, à Paris, rue Saint-Dominique, dans une maison qui lui appartenait, où est à présent l'hôtel du Lude », lisons-nous dans une note très substantielle sur sa famille, insérée au *Journal des Sçavans* du mois de mai 1724 (1). « Elle est inhumée dans l'église des religieux pénitens de Rouen, où l'on voit son épitaphe (2). »

Dans le partage de la succession du premier président de Motteville, Canteleu échut à un de ses neveux, Nicolas Langlois, seigneur de Collemoulins, Canteleu, Longthuit, Gaillon, baron de La Croix-Saint-Leuffroy, conseiller au Grand Conseil, puis premier président de la Chambre des Comptes de Rouen, qui, en novembre 1624, avait épousé Marguerite Restaut (3).

Il habita certainement son château de Canteleu, car nous le trouvons mentionné comme parrain de l'enfant d'un des habitants de la paroisse de Canteleu (4).

Il y mourut le 23 août 1650, à l'âge de 76 ans, et fut inhumé dans la chapelle seigneuriale de l'église paroissiale.

L'*Histoire de Rouen* (5) rapporte son épitaphe, banale et déclamatoire. Mais, il y a quelques années, on a retrouvé dans les caveaux de l'église de Motteville

(1) P. 299-300.

(2) Id., *ibid*...

(3) Greffe du tribunal civil de Rouen, registres de l'état civil de la paroisse Sainte-Croix-Saint-Ouen de Rouen.

(4) Registres de l'état civil de la paroisse de Canteleu, 24 juin 1644.

(5) *Histoire de la ville de Rouen*, par M. F. Farin, prieur du Val; 3e édition, Rouen, 1738, 6 vol. in-12, t. V, p. 130.

une inscription qui apprend que son cœur y fut transporté. Nous la reproduisons parce qu'elle est plus précise, partant plus intéressante, que la précédente :

« ICI REPOSE LE CŒUR DE HAULT ET PUISSANT SEIGNEUR MESSIRE NICOLLAS LANGLOIS, CHEVALIER, SEIGNEUR DE COLLEMOULINS, BARON DE LA CROIX-SAINT-LEUFROY, PREMIER PRÉSIDENT DE LA CHAMBRE DES COMPTES DE NORMANDIE, APPORTÉ EN CETTE ÉGLISE PAR MESS^rs JEAN-BAPTISTE LANGLOIS, CHEVALIER, CON^er D'ESTAT ET MAISTRE DES REQUESTES ORDINAIRE DE L'HOSTEL ; GEORGE LANGLOIS, CON^er AU GRAND CONSEIL, SES DEUX FILS ; IL ESTOIT DOYEN DU CONSEIL DU ROY EN EXERCICE ET VICE AMIRAL SUR LES COSTES DE LA PICARDIE, NORMANDIE ET BRETAIGNE, PAR LETTRES DU ROY LOUIS 13me ; LE 16e DÉCEMBRE 1624, LOSQU'IL MOURUT LE 23e AOUST 1650, AGÉ DE 77 ANS 9 MOIS, EN SON CHASTEAU DE CANTELEU LEZ ROÜEN, OU SON CORPS EST ENTERRÉ. PRIEZ DIEU POUR LUY (1). »

Son fils aîné, Jean-Baptiste Langlois, seigneur de Collemoulins, hérita de Canteleu. Il fut successivement conseiller au grand conseil (21 janvier 1642), et maître des requêtes (16 novembre 1650). Il avait épousé Gabrielle de Maupeou (2).

Sa fille Cécile, femme d'Adrien de Reuville, fut mère de douze enfants, et mourut en odeur de sainteté le 24 juin 1680 (3).

(1) *Bulletin de la Commission d'antiquités de la Seine-Inférieure*, t. VII, p. 134.

(2) La Chenaye-Desbois et Badier, *Dictionnaire de la Noblesse*, t. XI, col. 424-427.

(3) Charpillon, *Dictionnaire historique de l'Eure*. Les Andelys, 1869-1879, 2 vol. in-4° ; t. II, p. 8.

Canteleu était bien, à ce moment, la résidence de cette branche de la famille, car du vivant de son beau-père, nous voyons Gabrielle de Maupeou y tenir un enfant sur les fonts baptismaux (1).

Il mourut le 5 mars 1667, âgé de 52 ans, et fut inhumé à côté de son père, dans le caveau des seigneurs de Canteleu. Sa femme l'y avait précédé; elle était morte le 18 août 1651 à l'âge de 32 ans (2). Tous deux avaient donné la très jolie contretable, ornée de leurs armoiries, qui décorait autrefois la chapelle seigneuriale de l'église de Canteleu, et qui, après la Révolution, fut transportée dans la chapelle de l'ancien couvent des religieux pénitents de Croisset, où elle est encore.

La terre de Canteleu passa à son fils aîné, Nicolas Langlois, chevalier, seigneur de Collemoulins, Canteleu, baron de la Croix, conseiller du roi et maître des comptes à Paris (3).

Il dut habiter, lui aussi, au moins pendant les pre-

(1) Registres de l'état-civil de la paroisse de Canteleu, 13 juin 1647.

(2) Voir leurs épitaphes, *Histoire de Rouen*....., t. V, p. 130-131.

(3) Il n'est peut-être pas sans intérêt de remarquer, au point de vue de la foi que méritent les généalogies, que tandis que le *Dictionnaire de la Noblesse* de La Chenaye-Desbois et Badier ne lui donne qu'un frère qu'il nomme René, et une sœur du nom de Gabrielle, une quittance du 21 août 1668, conservée au Cabinet des titres de la Bibliothèque Nationale (dossier 38,160, pièce 66ª), est donnée au nom de *Nicolas* Langlois, escuier, seigneur de Collemoulins; *Pierre* Langlois, escuier, sieur et baron de La Croix; *Georges* Langlois, escuier, sieur des Mesnils, et *Gabrielle* Langlois, fille, « tous enfants et seuls héritiers de deffunt Messire Jean-Baptiste Langlois, leur père..., etc. »

miers temps, son château de Canteleu ; car, en 1670, il y est parrain d'un enfant (1).

Trois ans plus tard, était inhumé dans l'église de Canteleu un de ses jeunes enfants, Louis-François, né de son premier mariage avec dame Catherine de Brinon (2). Le seul enfant que lui donne la généalogie de La Chenaye-Desbois est une fille, Cécile, mariée le 19 septembre 1691 à Pierre-Louis de Turgis, conseiller au Parlement de Paris. Sa mort est annoncée à Mme de Grignan par Mme de La Troche, dans une lettre datée du 25 novembre 1699. « Mme de Turgis, qui en tomba malade [de la petite vérole] à Pontchartrain, en est morte deux jours après être arrivée à Paris ; elle était fille de Mme de Canteleu, cousine-germaine de Mme la chancelière, qui l'aimait fort » (3).

Il paraît, ainsi qu'on l'a vu, que la famille Langlois de Motteville et de Collemoulins chercha à se donner une origine reculée, et ne craignit pas de l'étayer de titres faux ; Mre Nicolas Langlois de Collemoulins semble avoir eu également des prétentions à des qualifications auxquelles il n'avait pas droit, car le Cabinet des titres (4) conserve une quittance donnée par lui, dans laquelle il est qualifié : messire Nicolas Langlois, chevalier, *marquis de Canteleu*..... »

Outre les actes de l'état-civil relatés ci-dessus, son passage à Canteleu n'a laissé d'autres traces que des demandes d'autorisation adressées par lui à la maitrise

(1) État-civil de la paroisse de Canteleu, 28 août 1670.

(2) Id., 16 juin 1673.

(3) Collection des grands écrivains de la France ; *Lettres de Mme de Sévigné*. Paris, Hachette, in-8°, t. X, p. 439.

(4) Bibliothèque Nationale, Cabinet des titres ; dossier 38,160, pièce 94°.

des eaux et forêts de Rouen pour exploiter des bois taillis (1). En 1704, il demeurait rue Saint-Marc, paroisse Saint-Eustache, à Paris (2).

En 1700, M. de Collemoulins, âgé alors de 60 ans, se remaria avec Anne Dauvet de Rieux, fille d'Anne-François Dauvet de Rieux, lieutenant au régiment des gardes; elle mourut en 1706, et, deux ans plus tard, il épousait en troisièmes noces (19 avril 1708) Catherine-Françoise de Roncherolles, âgée alors d'environ 38 ans, fille du marquis de Pont-Saint-Pierre. — Enfin, veuf une troisième fois, il se maria en quatrièmes noces avec Élisabeth-Geneviève de Thiremois, fille d'un conseiller au Parlement de Rouen, qui, celle-ci, lui survécut. On voit que les mariages successifs et tardifs étaient dans les habitudes des Langlois de Motteville et de Collemoulins (3).

Il mourut, à l'âge d'environ 80 ans, dans sa terre de Longthuit, le 2 octobre 1720; mais son corps fut transporté à Canteleu, dans la chapelle seigneuriale de l'église (4).

Sa petite-fille, N... de Turgis, porta la terre de

(1) 8 septembre 1693. — Requête de Messires Nicolas Langlois de Collemoulins, seigneur de Canteleu, et Pierre Langlois, seigneur de La Croix-Saint-Leuffroy, intendant des maison, domaines et finances de Mgr le Duc d'Orléans, frères, pour exploiter 65 arpens de bois à Canteleu. — Autre requête en 1701. — Titres communiqués par M. le comte Le Couteulx de Canteleu, membre du Conseil général de l'Eure, à l'auteur de cette notice, qui lui en offre ici tous ses remercîments.

(2) Titres de M. le comte Le Couteulx de Canteleu.

(3) La Chesnaye-Desbois et Badier, *Op. cit.*, t. XI, col. 424-427.

(4) Actes de l'état civil de la paroisse de Canteleu, 3 octobre 1720.

Canteleu dans la famille des de Roncherolles, marquis de Pont-Saint-Pierre (1), car un document de cette même année nous montre « M. le marquis de Saint-Pierre, héritier de M. de Collemoulins par madame son épouse, seigneur de Canteleu », payant une fraction de l'amende à laquelle M. de Collemoulins avait été condamné pour contraventions forestières (2).

Quatre années plus tard, la terre et le château de Canteleu sont aux mains d'une autre famille normande, les Aubert de Daubeuf, à laquelle appartenait l'abbé de Vertot.

Le beau château de Canteleu était-il réellement en mauvais état ? Serait-il vrai que déjà, à cette époque, on ait dû en démolir une partie, ou bien ne faut-il voir là qu'un moyen... peut-être un peu... inexact d'obtenir une autorisation sollicitée ? Toujours est-il qu'en 1724, le marquis de Daubeuf présente au maître des eaux et forêts de Rouen une requête ainsi conçue : « 10 octobre 1724. Messire Alphonse d'Aubert, chevalier, marquis de Daubeuf, supplie le maistre des eaux et forests de Rouen... Il vient d'acquérir ladite

(1) Bibliothèque municipale de Rouen, généalogie sur feuille volante dans le manuscrit normand, Y, 25.

(2) « Nous Charles Amfrie et Lefebvre, chargés du recouvrement des amendes en la maîtrise de Rouen, confessons avoir reçu des mains de M. Le Franc, curé de Saint-Martin-de-Canteleu, 150 l. t. à compte sur l'amende de 340 l. t. 12 s. 6 d., à quoi ledit sieur de Collemoulins a été condamné solidairement avec les nommés Haupaix, Lhomme et autres (?) ouvriers de Canteleu, qui ont été condamnés par sentence de la maîtrise de Rouen, pour avoir fait délits dans la forêt du roy, forêt de Roumare.... » Titres de M. le comte Le Couteulx de Canteleu.

terre et seigneurie de Canteleu, il a trouvé tous les bâtiments dans un désordre capital, il a été obligé d'en démolir, les bois de charpente sont presque tous hors d'état de servir, il a environ cinquante mauvais arbres étant en avenue délabrée, étant dessus les fossés dont on a eu aussi peu de soin que des bâtiments, tellement qu'ils sont pour la plupart rabougris, tous pourris et presque incapables de servir; mais lorsqu'on est propriétaire, on cherche à ménager... Cependant, il se trouve hors d'état de se servir de ce secours, par l'ordonnance de 1669, si vous n'y remédiez... (1). » Ces raisons touchèrent l'administration forestière qui accorda la permission sollicitée en termes si bien faits pour apitoyer.

Cet abattage d'arbres n'avait pas suffi, paraît-il, aux besoins du propriétaire, car l'année suivante (17 février 1725), il obtient une nouvelle autorisation de couper, cette fois, quatre à cinq cents pieds d'arbres composant des avenues et lisières séparées en sa terre de Canteleu ; mais, conformément aux ordonnances, il ne devait le faire que six mois après en avoir obtenu l'autorisation. Probablement, il ne se conforma pas à cette clause, car, peu après, il reçoit une assignation à comparaître devant la juridiction de la Table de marbre, à Rouen (2).

Si le propriétaire de la terre de Canteleu cherchait à faire flèche de tout bois pour entretenir les bâtiments du château, s'il était trop pressé d'abattre ses avenues, il paraît, au contraire, qu'il ne mettait pas assez

(1) Titres de M. le comte Le Couteulx de Canteleu.
(2) Titres de M. le comte Le Couteulx de Canteleu.

d'empressement à s'acquitter des charges qui lui incombaient.

A la suite d'un procès séculaire entre les curés de Canteleu et les religieux de Bonne-Nouvelle à Rouen, au sujet de la dîme de bois qui avaient jadis dépendu de la forêt de Roumare, un accord était intervenu entre les parties, aux termes duquel le curé de Canteleu devait percevoir les dîmes, à condition de payer chaque année, par abonnement, une somme déterminée aux religieux. Il s'acquittait, paraît-il, de cette obligation ; mais son seigneur, lui, ne payait pas les dîmes des bois dépendant de son château. De là cette lettre écrite, le 1er mars 1732, au prieur des religieux, par le curé de Canteleu, l'abbé Perchel :

« ..... M. de Daubeuf ne paye pas des 10mes de ses bois, d'autres particuliers suivent son exemple. Je lui ai fait parler par M. de Sassetot, neveu du président de Monville, qui n'en veut plus parler.

« Depuis plus de six ans, il dit qu'on verra et je ne vois rien, et cependant, je vous paie aux termes de notre contrat comme si je recevais. Il faudrait, mon Révérend Père, lui faire ce compliment qui ne vous coûtera pas grand chose, n'ayant à ménager avec lui que la bienséance et l'honnêteté qui accompagnent toujours vos démarches. M. de Daubeuf demeure proche Saint-Godard. Voyez aussi M. du Saussé, trésorier de France, rue de la Chaine..... (1). »

Mais c'est assez avoir montré le propriétaire aux prises avec les bâtiments à réparer, les bois à abattre, les agents forestiers qui lui dressent procès-verbal pour contravention aux ordonnances, l'homme administrant

(1) Titres de M. le comte Le Couteulx de Canteleu.

sa fortune et répondant à ses créanciers qui demandent de l'argent : Oui, plus tard... on verra.

A côté, il faut voir le gentilhomme, le père qui a envoyé son fils unique à l'armée, parce que, dit Montesquieu : « Il n'y a rien que l'honneur prescrive plus à la noblesse que de servir le prince à la guerre. En effet, c'est la profession distinguée, parce que ses hasards, ses succès, ses malheurs même conduisent à la grandeur (1). » Il fait partie de « cette noblesse toute guerrière..... qui va à la guerre pour que nul n'ose dire qu'elle n'y a point été ; qui, quand elle en peut espérer les richesses, espère les honneurs, et lorsqu'elle ne les obtient pas, se console parce qu'elle a acquis de l'honneur (2). » Le fils du marquis de Daubeuf y trouva à la fois l'honneur et la mort, et voici le souvenir qui reste de lui, couché sur les registres de l'état civil d'une paroisse rurale :

« 9 novembre 1744. Service solennel de trois hautes
« messes précédées de la recommandation des défunts,
« et le jour précédent vespres et vigilles des morts
« pour le repos de l'âme de feu Messire (*sic*) de
« Daubeuf, âgé de 26 à 27 ans, tué le 24 octobre der-
« nier au siège de Fribourg à la tranchée, à la teste
« des grenadiers de la maison du roi qu'il comman-
« dait, ayant reçu trois jours devant la croix de
« l'Ordre militaire de Saint-Louis des mains du roi,
« fils unique de Messire Alphonse d'Aubert, marquis
« de Daubeuf, seigneur et patron de cette paroisse et
« autres lieux, et de dame (*sic*) de Varneville,
« auquel service la communauté des R. P. Pénitents

(1) *Esprit des Lois*, l. IV, c. II.
(2) Id., l. XX, c. XXII.

« de Sainte-Barbe de Croisset ont assisté, et ont « célébré des basses messes en présence des parents « qui ont signé (1). »

Il est peut-être bon d'aller ici au devant d'une équivoque. En 1731, Voltaire, voulant publier plus tranquillement l'*Histoire de Charles XII* et une nouvelle édition de *La Henriade*, alla passer quatre ou cinq mois à Rouen et à Canteleu, en laissant croire qu'il était retourné à Londres (2). Ce n'est point au château de Canteleu qu'il séjourna. C'était chez son ami, M. de Formont, auquel il parle souvent de sa maison de Canteleu. « Je vous soupçonne, lui écrit-il en juin 1733, de philosopher à Canteleu avec mon aimable et tendre Cideville (3). » ..... « Je serais charmé de pouvoir aller dans quelque temps à Canteleu ; mais la chose me paraît bien difficile... (4). » ..... « Êtes-vous à Rouen ou à Canteleu ?... (5) »

(1) État civil de la paroisse de Canteleu.

(2) Note de l'édition Beuchot, t. LI, p. 210.

(3) Lettre 220e de l'édition Beuchot.

(4) Lettre 293e.

(5) Lettre 304e.— Aucun des documents qui nous sont passés sous les yeux ne nous a permis d'établir quelle était la propriété de Canteleu qu'habitait M. de Formont. Nous n'avons pas non plus trouvé cette indication dans la très intéressante étude consacrée à de Formont par M. Ch. de Beaurepaire (*Mémoires de l'Académie des Sciences, Arts et Belles-Lettres de Rouen*. Rouen, in-8e, année 1868-1869).

En était-il propriétaire ou simplement locataire ?

Dans le pays, la tradition affirme que la maison où Voltaire aurait logé serait celle qui se trouve à l'angle ouest du parc appartenant autrefois à la famille Le Couteulx, et maintenant à M. A. Prat.

En 1748, la terre de Canteleu fut acquise par M. François-Nicolas Quillebeuf, seigneur de Bethencourt, c'était un commerçant ou ancien commerçant de Rouen qui, pour parvenir à la noblesse, venait d'acheter une de ces charges de secrétaire du roi dites vulgairement *savonnette à villain* (1). Il mourut à Rouen, dans les premiers jours du mois d'avril 1751, mais son fils le fit transporter dans la chapelle seigneuriale de Canteleu (2), et l'église fut à cette occasion revêtue de la litre seigneuriale aux armes de ce nouvel anobli.

Ces armes : *d'argent au lion passant de sable, au chef d'azur chargé de deux coquilles d'or*, auxquelles on pourrait peut-être reprocher de ressembler à celles de Jean de Bethencourt, le conquérant des Canaries, se voyaient dans le chœur et dans la chapelle seigneuriale de l'église de Canteleu, détruits aujourd'hui, ainsi que sur les vitres de la chapelle du château, détruite également. Ces derniers écussons sont maintenant dans les galeries du château de Canteleu.

(1) La noblesse récente de cette famille résulte de ce fait que, dans les actes de l'état civil, le frère et le neveu du nouveau seigneur de Canteleu ne sont point qualifiés *écuyers*. — Voir, notamment : Greffe du tribunal civil de Rouen, registres de l'état-civil de la paroisse Saint-Godard de Rouen, 8 avril 1742.

(2) Registres de l'état-civil de Canteleu : « 7 avril 1751, ce jour fut transporté de Rouen le corps de M. François-Nicolas Quillebeuf, escuyer, seigneur de Bethencourt, seigneur et patron de Saint-Martin de Canteleu, pourprétures et maîtrises de la forêt de Roumare, Bapaumes, Yonville, conseiller-secrétaire du Roi, maison et couronne de France, âgé de 73 ans ou environ, dans la chapelle seigneuriale de Canteleu, et inhumé par M. Lemarquier, curé de Saint-Laurent..... »

M. Jean-François Quillebeuf (1) succéda à son père comme propriétaire du château et de la seigneurie de Canteleu. Il est probable qu'il en habita le château, car c'est dans l'église de cette paroisse que se maria son fils, le 20 août 1759 (2).

Mais vers 1776, « Mgr de Bethencourt » tombait en faillite ; alors se produisit un fait assez singulier : à la suite de la réalisation de l'actif par les syndics de la faillite, de retraits lignagers exercés par le fils du failli, les droits seigneuriaux du fief de Canteleu et des divers autres fiefs qui se trouvaient sur l'étendue de la paroisse de Canteleu, et que M. Quillebeuf avait successivement réunis en sa main, se trouvèrent séparés du *domaine utile* de ces mêmes fiefs et passèrent à des acquéreurs différents.

Les droits seigneuriaux furent acquis par M. Jean-Barthélemy Le Couteulx, écuyer, le futur député du tiers-état du bailliage de Rouen aux États-Généraux

(1) Le 23 juin 1751, « Mgr de Bethencourt » accordait sa permission et donnait son consentement à l'inhumation, dans le chœur de l'église de Canteleu, du corps de noble dame Barbe-Gennevièvе de Cavelier de Mocomble, femme de Messire Hiacinthe-François de Pardieu (Registres de l'état civil de la paroisse de Canteleu, 23 juin 1751).

(2) Registres de l'état-civil de la paroisse de Canteleu, 20 août 1759. Célébration du mariage de « M. Jacques-François-Josse Quillebeuf, écuyer, sieur de Canteleu, âgé de 19 ans, fils de M. Jean-François Quillebeuf, écuyer, seigneur de Bethencourt, seigneur et patron de Canteleu-lès-Rouen, des pourprétures et maîtrises de Roumare, négociant et ancien prieur, juge consul, et de Marie-Anne Cochois, avec demoiselle Rose-Catherine Cahière, âgée de 15 ans, fille de Louis-Mathias Cahière, négociant, ancien administrateur de l'hospice, et de Anne Le Boucher. »

de 1789. La famille Le Couteulx n'était pas d'ailleurs inconnue dans la paroisse de Canteleu ; deux de ses branches y possédaient des propriétés de campagne, tenues en roture de la seigneurie. En acquérant les droits seigneuriaux, M. Jean-Barthélemy Le Couteulx se trouvait prendre la suite d'une affaire engagée entre l'administration des domaines et les seigneurs de Canteleu, au sujet de droits seigneuriaux sur certaines parties de la forêt de Roumare, aliénés à la fin du XVIe siècle par la couronne sous le nom de fief des pourprétures et maîtrises de la forêt de Roumare. Suivre ce débat curieux, ses péripéties et la manière singulière dont se termina cette contestation serait un hors-d'œuvre dans une note qui a pour objet le château de Canteleu et ses propriétaires. Mais pour faire connaître ce que c'était, en droit, qu'une seigneurie, à la veille du jour où la Révolution allait emporter les restes de l'organisation des terres en terres nobles et roturières et supprimer les droits féodaux, nous pensons qu'on ne lira pas sans intérêt des fragments d'une longue lettre adressée par M. Le Couteulx à un des fonctionnaires de l'administration des domaines, à la date du 15 juin 1782.

L'administration des domaines demandait à M. Le Couteulx de rechercher et de lui indiquer les terres dépendant du fief des *Pourprétures*, dont la Couronne voulait opérer le retrait. M. Le Couteulx disait que cela lui était impossible et proposait en échange de remettre au domaine une certaine étendue de terres, pour conserver les droits seigneuriaux des Pourprétures. Dans cette lettre, il s'exprime ainsi :

« Monsieur..... Je désire vous confirmer dans la bonne opinion que vous voulez bien avoir de moi pour l'échange que je pourrais obtenir ; je vous déclare de nouveau que mon intention n'est pas de faire un gain sur le roy, je cherche à me procurer la tranquillité à laquelle on aspire naturellement dans toutes ses possessions..... Permettez-moi de vous détailler ma propriété de Canteleu. Je suis, en fonds de terre, un des moindres propriétaires de la paroisse de Canteleu ; je n'ai qu'un jardin et parc de plaisance que j'ai hérité de mon oncle, M. Le Couteulx de La Noraye, ancien maire de cette ville. Ce petit domaine n'est pas réuni aux fiefs, parce qu'il a été de tout temps une roture et qu'il est passé dans mes mains en cette qualité. Mon oncle et moi, nous avons successivement agrandi ce parc, mais en plus grande partie sur des côtes arides dont le défrichement m'amuse beaucoup, mais me coûte beaucoup d'argent. Ces petites acquisitions successives ont été également faites en roture, il en résulte que, quoique j'aie depuis acheté tous les fiefs qui sont en la paroisse de Canteleu, comme je les ai achetés nüement, sans aucun fonds de terre, ma seigneurie n'a aucun domaine utile et je n'ai d'autre revenu que les rentes seigneuriales et les treizièmes qui peuvent m'échoir par les mutations. Je n'ai même pas acheté les manoirs seigneuriaux des différents fiefs. Ils avaient été précédemment vendus en roture, et à charge seulement d'y souffrir que le seigneur y vienne tenir ses plaids lorsqu'il avisera bien, et de lui fournir une salle garnie de ses chaises et d'une table.

« Je ne pourrais donc être tenu de justifier le domaine utile des fiefs que je possède dans la paroisse de Canteleu, parce qu'ils n'en ont aucun. Je pourrais être tenu, dites-vous, de justifier la mouvance de ces fiefs, mais avec la meilleure volonté du monde, ce n'est pas un ouvrage prompt et de peu de dépense . . .

. . . .

« Les cinq fiefs qui forment la seigneurie de Canteleu n'étaient pas originairement dans la même main... MM. Langlois de Motteville et de Collemoulins, très anciens maîtres des requêtes et premiers présidents à la Chambre des Comptes, ont été longtemps propriétaires des seuls fiefs de Canteleu et des pourpraitures. L'un est le fief de Canteleu, autrement dit fief de Pressigny ès eaux, plain fief de Haubert. L'autre est le fief dont il est question pour l'échange, plain fief de Haubert. MM. de Pardieu, d'une très ancienne noblesse de cette province et anciens militaires, ont été très longtemps propriétaires du seul fief de Croisset qui est une chatellenie et un plain fief de Haubert. MM. Rassant (*sic*), et avant eux dans le XIIe et XIIIe siècle (*sic*) les chanoines de Charlemesnil, étaient possesseurs du fief de Bapaume, demi fief de Haubert. MM. Filleul, maires de Rouen dans le XIIIe siècle, ont été longtemps possesseurs du fief d'Yonville dont, les extensions avoisinent la ville. Successivement et jusqu'à nos jours, ces différents seigneurs se sont disputé leurs mouvances respectives ; leurs titres ont couru les cabinets des advocats et les études des procureurs ; il en est résulté, sans doute, beaucoup de confusion et de désordre. M. Quillebeuf de Bethencourt, acquéreur de la terre de Canteleu en 1748, a successivement réuni dans ses mains ces divers fiefs. Son opération était bonne parce qu'il en résultait que sans aucuns voisins, il était borné d'un côté par la forêt de Roumare et de l'autre par la Seine ; mais il aurait été à désirer qu'il eût formé un terrier exact de ces différents fiefs et su distinguer et déterminer à chaque fief sa mouvance. M. Quillebeuf de Bethencourt a manqué ; les créanciers ont vendu la terre à M. Corneille de Beauregard. M. Quillebeuf le fils en a fait le retrait, s'est empressé d'en vendre le domaine utile, par détail, à différents acquéreurs. Il s'est réservé seulement les fiefs qu'il m'a définitivement vendus. Vous vous persuaderez aisément que les événements d'une faillite... n'ont pas peu augmenté le désordre et la confusion. Aujourd'hui je vois bien que tous les habitants de Canteleu me reconnaissent pour seul seigneur dans l'étendue immense de cette paroisse, mais je ne verrai de longtemps ceux que je pourrai placer dans la mouvance du fief des pourpraitures...etc...etc...(1). »

Comme le dit cette curieuse lettre, qui nous a un instant écarté de l'objet de cette notice, les manoirs seigneuriaux des fiefs situés sur le territoire de la paroisse de Canteleu avaient déjà été vendus quand M. Le Couteulx acquit les droits seigneuriaux.

Le beau château de Canteleu avait été acquis, suivant contrat du 18 décembre 1779, par M. Charles-Antoine Le Febvre, conseiller échevin, ancien juge-consul, capitaine de la milice bourgeoise, ancien négociant à Rouen, à qui la haute situation de sa famille et des services rendus à la ville de Rouen dans les différentes fonctions qu'il avait exercées, devaient bientôt (en juillet 1788) faire obtenir des lettres de noblesse (2). Le contrat d'acquisition porte bien, en effet, que « les pleds seront tenus par les officiers de

(1) Titres de M. le comte Le Couteulx de Canteleu.

(2) Titres de propriété et de famille de M. le baron Henri Élie-Lefebvre. M. Ch.-Ant. Le Febvre fut le dernier seigneur des fiefs d'Emendreville et de Saint-Sever, sur l'emplacement des-

cette seigneurie [Canteleu] sur l'un des emplacements dudit château, dans un appartement commode et décent, garni d'une table et de chaises en nombre suffisant. » Le nouvel acquéreur devait également le service de prévôté, comme les autres habitants.

Mais le château était, paraît-il, dans un état complet de délabrement, qui remontait peut-être à M. de Daubeuf, mais qu'expliquerait suffisamment cette situation gênée au fond, quoique brillante en apparence, qui précède les faillites. Ce beau monument dut subir de graves et douloureuses mutilations. On abattit complètement les deux ailes, le dôme et l'étage supérieur du pavillon central; la haute toiture, ses lucarnes et ses balustrades de pierre disparurent également; et la partie qui resta fut recouverte d'un toit dans le style de l'époque. Toutefois, avant de faire procéder à ces modifications, le nouvel acquéreur eut le bon goût et la sage pensée de faire dresser, sur une grande échelle, une élévation géométrale du château tel qu'il était en 1780.

Maire de Rouen sous la Restauration, son fils, M. Charles-Louis Élie-Lefebvre fut fait baron (1) par le roi Louis XVIII (2 avril 1822), lors de son passage à Rouen. Le 21 octobre 1817, il avait reçu dans son château de Canteleu la visite du duc d'Angoulême. Une excellente gouache du célèbre artiste normand, Eustache-Hyacinthe Langlois, y conserve le souvenir de la visite princière.

De 1810 à 1850, l'intérieur du château fut transformé

quels s'élève aujourd'hui l'immense et populeux faubourg de Rouen Saint-Sever. — (Contrat du 11 juin 1788), mêmes titres.

(1) Titres de famille de M. le baron Élie-Lefebvre.

et décoré avec goût dans le style gréco-romain en faveur au commencement du siècle et qui, maintenant, commence presque à acquérir la valeur d'un document archéologique. Des collections d'histoire naturelle, de belles gravures modernes, des objets d'art et d'antiquité, ornent les galeries du rez-de-chaussée.

Cette aristocratique demeure, toujours intéressante au point de vue architectural, malgré les suppressions et les modifications qu'elle a subies, mais que recommandent surtout son parc au grand air et l'horizon splendide qu'elle domine si heureusement, est encore aujourd'hui la propriété de la famille Élie-Lefebvre. C'est à l'amitié et au talent du baron Henri Élie-Lefebvre que nous devons la copie fidèle de l'élévation géométrale de 1780, dont la réduction orne cette notice.

C'est une bonne fortune pour le *Bulletin Monumental* de pouvoir sauver de l'oubli une œuvre architecturale qui n'est pas indigne du grand artiste auquel on l'attribue, et qui, par ses dimensions, et surtout par son grand caractère, peut prendre place parmi les plus beaux châteaux du milieu du XVIIe siècle.

Caen. — Imp. Henri Delesques

www.ingramcontent.com/pod-product-compliance
Ingram Content Group UK Ltd.
Pitfield, Milton Keynes, MK11 3LW, UK
UKHW020949220726
13924UKWH00002B/587

9 782019 971922